le Diplodocus

Ce livre appartient à

....

....

Avec l'aimable participation
de Hervé Lelièvre, Maître de conférences
au Muséum d'histoire naturelle de Paris

Consultant : Dr David Norman,
directeur du musée Sedgwick de Géologie,
Université de Cambridge, Angleterre

Édition : Little Big Man
Marie-Hélène Albertini-Viennot

Traduction : Patrick Facon
Maquette : Thierry Gourdin

Imprimé par Québécor
Dépôt légal : à parution
ISBN : 2-7365-0135-7
ISSN : en cours

Loi 49-956 du 16 juillet 1949 sur les publications destinées à la jeunesse.

le Diplodocus

Graham Coleman
Illustré par Tony Gibbons

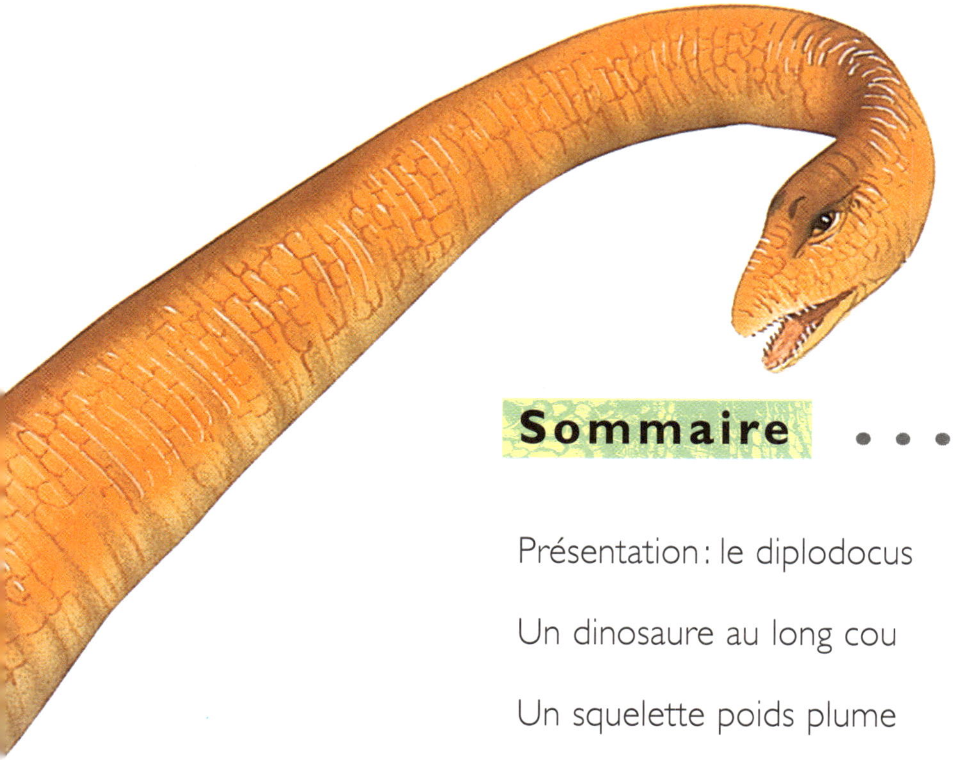

Sommaire

le Diplodocus

Le diplodocus fut l'un des plus grands dinosaures qui aient jamais existé. Son corps, de forme cylindrique, était prolongé par une longue queue et un cou à la fois allongé et fin, qui portait une très petite tête.

Le diplodocus vivait en Amérique du Nord, il y a 145 millions d'années, à l'époque du Jurassique.
Se nourrissant exclusivement de plantes, il appartenait à la catégorie des herbivores.

Depuis que les premiers fossiles de ce grand dinosaure ont été trouvés, en 1877, les paléontologues ont fait de nombreuses découvertes sur le diplodocus.

Pourquoi cet animal était-il si léger par rapport aux autres dinosaures?

Vivait-il sur terre ou dans l'eau?

Tournez ces pages et découvrez tout ce que l'on sait aujourd'hui sur ce fantastique dinosaure.

Un dinosaure au long cou

Imaginez-vous projeté dans le temps, il y a des millions d'années. Vous paraîtriez bien petit auprès de l'un de ces géants, et il vous faudrait tendre le cou pour le regarder.

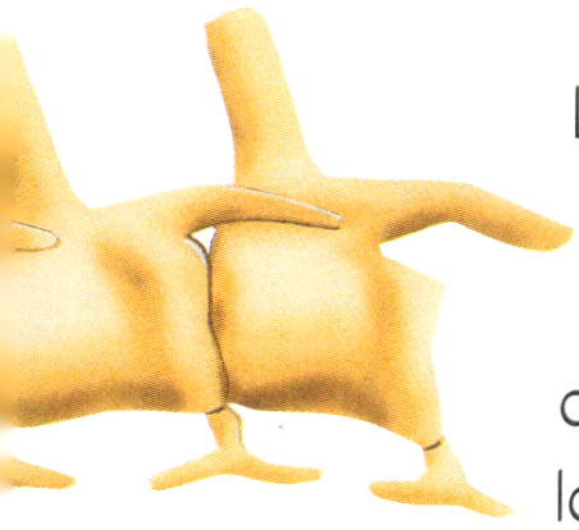

Les vertèbres du cou du diplodocus étaient légères mais robustes, et facilitaient les mouvements de sa tête vers le haut et le bas lorsqu'il mangeait.

Sa queue était son seul moyen de défense. Il l'utilisait comme un fouet, avec une très grande efficacité, lorsqu'un dinosaure assez imprudent ou brave osait s'attaquer à lui.

Sa queue lui servait aussi à se maintenir en équilibre lorsqu'il se dressait sur ses pattes arrière afin d'atteindre les baies des arbres dont il se nourrissait.

Tout simplement parce que la pression exercée par l'eau sur ses poumons ne lui aurait pas permis de respirer pour vivre.

Même des sols marécageux auraient constitué une difficulté pour le diplodocus, qui s'y serait embourbé. Ce dinosaure géant préférait les sols secs et durs, mieux adaptés à ses lourdes pattes.

En raison de ses dimensions peu ordinaires, le diplodocus présentait sans doute une vision effrayante. Mais il n'attaquait jamais le premier; il ne faisait que se défendre.

Aussi long que 2 autobus !

À une époque, les savants supposaient que le diplodocus vivait dans l'eau. Mais, de toute évidence, c'était une erreur.

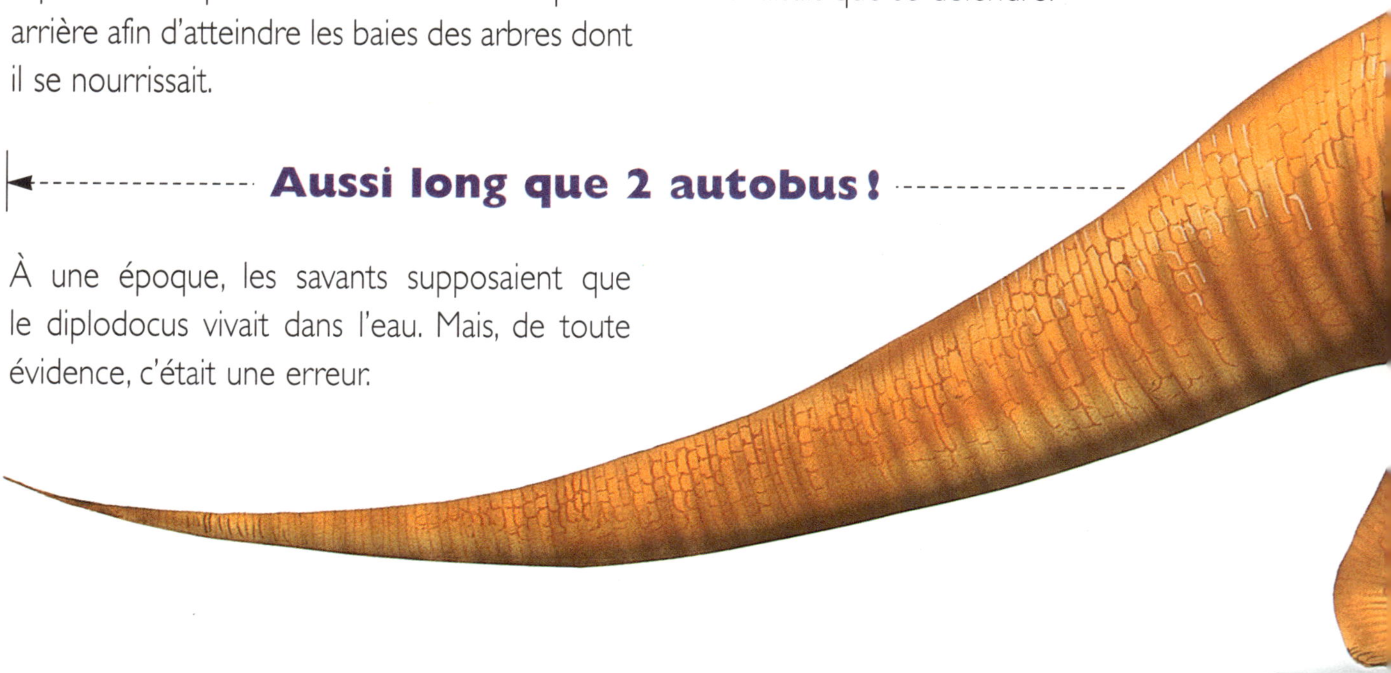

Seul le premier doigt de chaque pied comportait une griffe qui pouvait se révéler d'une grande utilité contre les prédateurs. Les autres doigts, jointifs, étaient réunis pour former un sabot.

Les scientifiques se demandent encore quelle pouvait bien être la pression que développait le cœur du diplodocus pour envoyer le sang dans tout son corps, et notamment pour irriguer son petit cerveau, situé à l'extrémité de son très long cou.

Le diplodocus était aussi grand qu'un immeuble haut de quatre étages et aussi long que deux autobus. Les parties les plus longues de son corps étaient son cou et sa queue.

Aussi grand qu'un immeuble de 4 ÉTAGES !

Un squelette poids plume

Le diplodocus appartenait à la famille des sauropodes, un groupe de dinosaures de grande taille. Ce terme trouvait tout simplement son origine dans les pieds à cinq doigts de ces animaux.

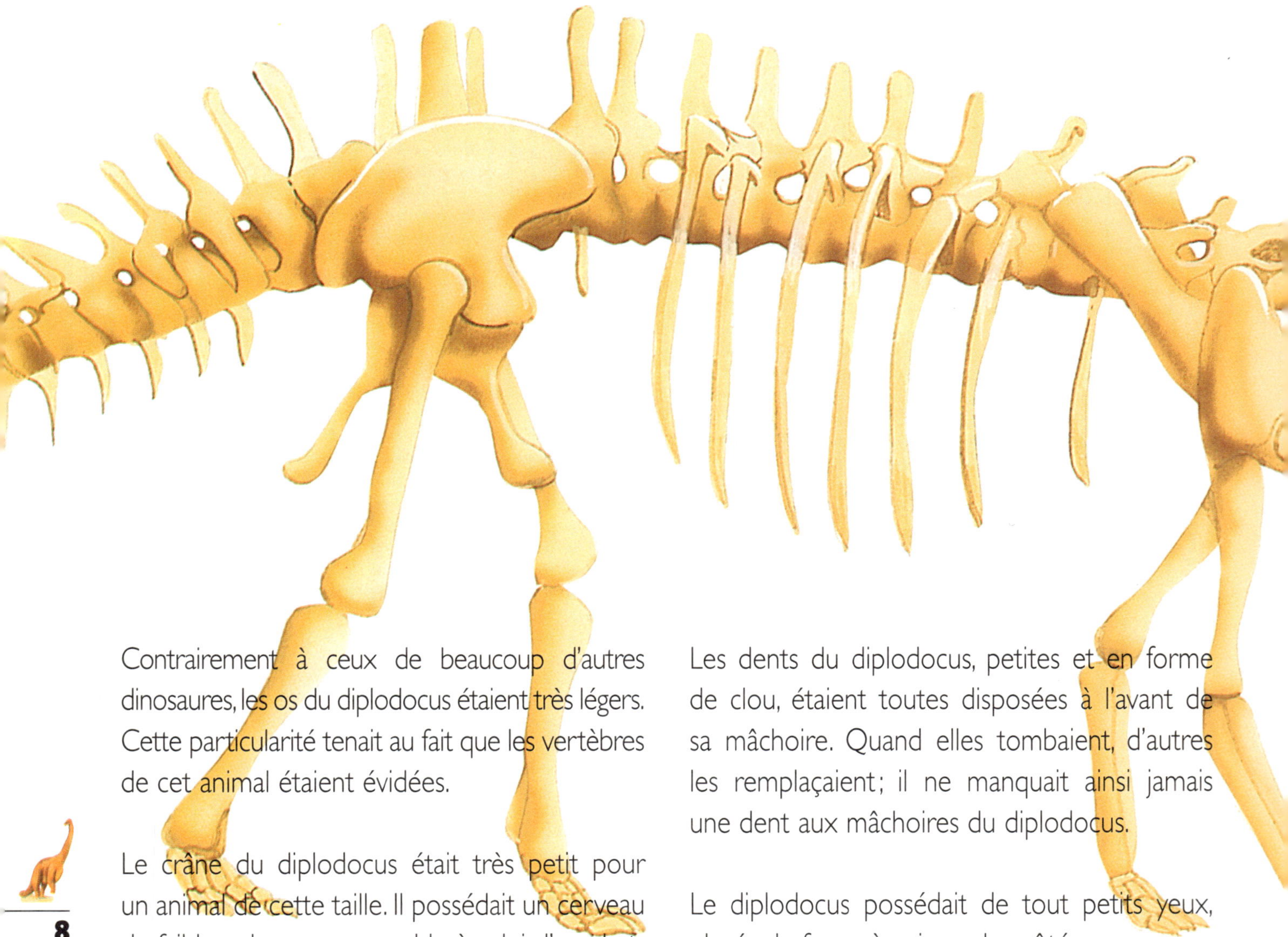

Contrairement à ceux de beaucoup d'autres dinosaures, les os du diplodocus étaient très légers. Cette particularité tenait au fait que les vertèbres de cet animal étaient évidées.

Le crâne du diplodocus était très petit pour un animal de cette taille. Il possédait un cerveau de faible volume, comparable à celui d'un chat.

Les dents du diplodocus, petites et en forme de clou, étaient toutes disposées à l'avant de sa mâchoire. Quand elles tombaient, d'autres les remplaçaient ; il ne manquait ainsi jamais une dent aux mâchoires du diplodocus.

Le diplodocus possédait de tout petits yeux, placés de façon à voir sur les côtés.

Curieusement, les narines de cet animal géant s'ouvraient au sommet de sa tête.

Ses côtes, atteignant une longueur respectable, protégeaient ses poumons et son abdomen. Les pieds, ramassés, comportaient chacun 5 doigts.

La queue du diplodocus pouvait déployer une très grande force. Elle se composait de 70 vertèbres alors que le cou et le dos n'en avaient respectivement que 15 et 10.

Un cerveau de petite taille, comparable à celui d'un CHAT !

Les savants pensent que la queue du diplodocus traînait assez peu souvent sur le sol lorsque l'animal se déplaçait. Un des secrets de la puissance de cet animal résidait dans les os très robustes de son bassin.

Comment le diplodocus parvenait-il à maintenir en position son cou démesurément allongé? La réponse est simple: les muscles de son cou étaient particulièrement puissants et développés. Ces muscles fonctionnaient un peu à la manière d'une grue.

Le squelette du diplodocus avait beau être très léger, ses pattes, qui ressemblaient à celles d'un éléphant, n'en étaient pas moins fort robustes. Les muscles de son dos étaient aussi très puissants.

Le diplodocus aurait supporté le poids de son immense corps sur une seule de ses pattes. Aussi n'avait-il aucune difficulté à se dresser sur ses deux pattes arrière afin de pouvoir atteindre les baies situées à la cime des arbres les plus grands.

La découverte du diplodocus

Le diplodocus fut découvert pendant ce que l'on nomma la « ruée vers l'os », à la fin du XIXe siècle. Deux paléontologues américains – des spécialistes de l'étude des restes d'humains et d'animaux –, Edward Cope et Othniel Marsh, s'y livrèrent une lutte féroce.

Tous deux avaient constitué des équipes qui recherchaient les squelettes de dinosaures à travers les États-Unis. C'était à celui qui ramènerait les plus beaux restes d'animaux fossilisés. Aussi ces équipes s'affrontaient-elles souvent, comme on peut le voir sur cette image.

En 1877, quelques os fort intéressants furent découverts par l'un des hommes de Marsh.

Ce célèbre paléontologue donna à la « créature » à laquelle appartenaient ces restes le nom de diplodocus, qui signifie « **double poutre** » et provient de l'anatomie particulière de ses vertèbres.

Quelques années plus tard, un homme d'affaires américain très connu, Andrew Carnegie, exprima le désir d'exposer le squelette d'un grand dinosaure dans le musée qu'il venait de créer, à Pittsburg. Peu de temps après, on lui présenta les restes d'un diplodocus.

Bientôt, le monde entier apprit l'existence du dinosaure de Carnegie. Le roi d'Angleterre, Édouard VII, demanda même qu'une réplique en fût réalisée par le musée Carnegie.

Elle fut effectivement fabriquée et montée au Muséum d'histoire naturelle de Londres. Il avait fallu deux ans pour l'assembler.

Dans les années qui suivirent, le diplodocus connut une telle popularité que d'autres copies en furent réalisées et sont maintenant exposées au Muséum de Paris, ainsi qu'à celui de Moscou.

Aujourd'hui ces squelettes, ainsi que ceux d'autres dinosaures géants, suscitent autant de curiosité que par le passé.

Le mot diplodocus signifie « DOUBLE POUTRE »... et provient de la forme de ses vertèbres.

Les derniers temps du Jurassique

À l'époque où vivaient les diplodocus, le climat était à la fois chaud et humide. La végétation se développait ainsi dans les meilleures conditions. Ce climat était aussi favorable à la survie du diplodocus, qui ne se nourrissait que de plantes.

Des troupeaux de dinosaures géants parcouraient les plaines, mangeant les fougères qui poussaient un peu partout.

Les animaux de taille plus petite, comme le **coelurus**, devaient s'éloigner afin de ne pas être écrasés par les troupeaux de ces dinosaures géants.

Le diplodocus était un dinosaure paisible mais fort peu agile et pataud. Aussi devait-il prendre bien garde aux différents prédateurs.

La vie du diplodocus

Le diplodocus était un animal herbivore. Il se servait de son cou allongé pour atteindre le sommet des grands arbres où poussaient les feuilles les plus tendres.

Cet animal possédait, à l'avant de ses mâchoires, des dents en biseau qui ne lui permettaient pas de mâcher sa nourriture mais lui facilitaient la récolte des baies et des fruits des arbres.

Cependant, il ingurgitait aussi des cailloux et des petites pierres qui écrasaient la nourriture et la rendaient ainsi beaucoup plus digeste.

Des troupeaux de diplodocus erraient à travers les forêts de conifères du Jurassique, recherchant inlassablement leur nourriture.
Ils la trouvaient à la cime des plus hauts arbres, ce que les autres dinosaures ne pouvaient pas toujours faire. Quand un troupeau de diplodocus avait compètement ravagé une forêt, il gagnait de nouveaux territoires afin d'y trouver d'autres nourritures.

Ces dinosaures massifs ne cessaient presque jamais de manger.

Attention !

C'était par une belle et chaude fin d'après-midi, au Jurassique. Un troupeau de diplodocus avançait lentement en bordure d'une forêt. De temps à autre, l'un d'eux s'arrêtait et avalait le feuillage d'un arbre qui lui paraissait à son goût.

Mais ils n'étaient pas les seuls animaux affamés à parcourir ces lieux.

Tandis qu'ils progressaient, les diplodocus ignoraient qu'ils se rapprochaient de plus en plus d'un danger: un territoire occupé par des **allosaures**.

Ces redoutables dinosaures carnivores n'étaient pas aussi grands que les diplodocus. Mais ils étaient taillés pour le combat.

Cependant, attaquer un troupeau de diplodocus n'était pas une mince affaire.

Un allosaure, dissimulé derrière des arbres, attendait que le dernier diplodocus passe. Il avait déjà remarqué qu'il s'agissait d'un sujet âgé. Le dinosaure géant avançait doucement, se traînant quelque peu derrière les plus jeunes membres du troupeau.

Assoiffé, il s'arrêta près d'un étang et baissa la tête pour y boire, ignorant la présence de l'allosaure.

Soudain, celui-ci surgit de derrière les arbres qui le cachaient ! D'un bond, il sauta sur le dos du diplodocus et y enfonça ses dents pointues.

Surpris par cette brusque attaque, le grand dinosaure vacilla.

Bien qu'il fût déjà vieux, le diplodocus n'était pas décidé à se résigner sans combattre.

L'allosaure, lâchant sa prise, tomba au sol. Mais il se redressa très vite sur ses pattes arrière et revint aussitôt à la charge.

Mais il ignorait la terrible puissance de la queue du diplodocus. Celui-ci, rassemblant toutes ses forces, lui expédia un terrible coup de queue. Le carnivore reçut un choc foudroyant. À nouveau, il tomba au sol, mais cette fois pour ne pas se relever.

À travers les yeux du diplodocus

Vous êtes-vous un jour demandé comment un gigantesque dinosaure tel que le diplodocus voyait le monde qui l'entourait ?

Les yeux de cet animal se trouvaient, en effet, à une dizaine de mètres du sol et étaient situés de chaque côté de sa tête.

Ainsi comme beaucoup d'animaux contemporains, le diplodocus voyait 2 images simultanées de ce qui se trouvait devant lui.

Il devait sans doute avoir aussi une vision panoramique des paysages qui l'entouraient.

Cette faculté lui donnait une perception de la réalité très différente de celle vue par les yeux humains.

Comme
es reptiles
ctuels,
es dinosaures
evaient
robablement
oir le monde
n couleur.

Les reptiles
l'aujourd'hui
oossèdent
également
des yeux capables
de voir aussi bien
e jour que la nuit.

Le diplodocus avait
peut-être aussi la faculté
d'une vision nocturne.

Le diplodocus et ses cousins

Le diplodocus a donné son nom à la famille de dinosaures à laquelle il appartient. Tous ces reptiles se caractérisaient par des cous et des queues allongés, des pattes cylindriques et de petits crânes.

Ces dinosaures, qui étaient tous de grands herbivores, peuplaient la Terre entière. Ils prospérèrent vers la fin du Jurassique, il y a environ 150 millions d'années. Tous les diplodocus **(1)** étaient des sauropodes.

Le **barosaure (2)**, dont le nom signifiait «**reptile lourd**», pouvait atteindre 27 mètres de long, soit la même taille que son cousin,

le diplodocus. Des restes de barosaure ont été trouvés dans l'ouest des États-Unis et en Tanzanie, en Afrique. Ce qui laisse supposer qu'il n'existait pas au Jurassique de barrières naturelles empêchant les dinosaures de circuler entre l'Afrique et le continent américain.

L'apatosaure (3) est le plus connu de tous les cousins des diplodocus. Il s'agit en fait du nom scientifique donné à un dinosaure connu sous celui de **brontosaure**. Le nom d'apatosaure ayant été attribué en premier, celui de brontosaure a finalement été abandonné.

L'apatosaure était plus lourd que le diplodocus mais son corps n'était pas aussi allongé. Son nom signifie «**reptile trompeur**».

Le **mamenchisaure (4)** était un autre sauropode massif. Son nom provient de la région de Mamenchin, en Chine, où il fut trouvé. Les savants pensent qu'il détient le record de la longueur du cou chez les dinosaures. Celui-ci mesurait en effet 11 mètres, soit la longueur d'un autobus, et constituait plus de la moitié de la longueur de son corps.

Signes distinctifs

Le diplodocus appartenait à un groupe de dinosaures appelé sauropodes. Ils étaient tous de grands herbivores, dotés d'un estomac volumineux.

Bien qu'il ne fût pas aussi lourd que d'autres membres de sa famille – comme **l'apatosaure,** par exemple –, le diplodocus était une énorme créature dotée de pattes robustes conçues pour supporter son corps massif.

Comme les autres herbivores, le diplodocus possédait un estomac important. Si l'animal n'avait marché que sur ses seules pattes arrière, cet organe aurait sans doute traîné sur le sol.

Certains affirment cependant que le diplodocus se dressait sur ses pattes arrière pour atteindre les arbres les plus hauts. Il s'appuyait ensuite sur sa queue et posait ses pattes avant sur le tronc. Il était alors confortablement installé pour manger.

Une colonne vertébrale originale

Le diplodocus – « **double poutre** » – tire son nom d'une particularité inhabituelle de sa colonne vertébrale. Celle-ci était en effet doublée par un alignement de petits os, caractérisés par des excroissances, qui s'emboîtaient les uns dans les autres.

Une petite tête

Pour une créature aussi massive, le diplodocus possédait une tête de très petite taille. Ses yeux étaient situés de chaque côté de son crâne, et seul l'avant de ses mâchoires portait des dents assez fines. Ses narines se situaient au sommet de son crâne.

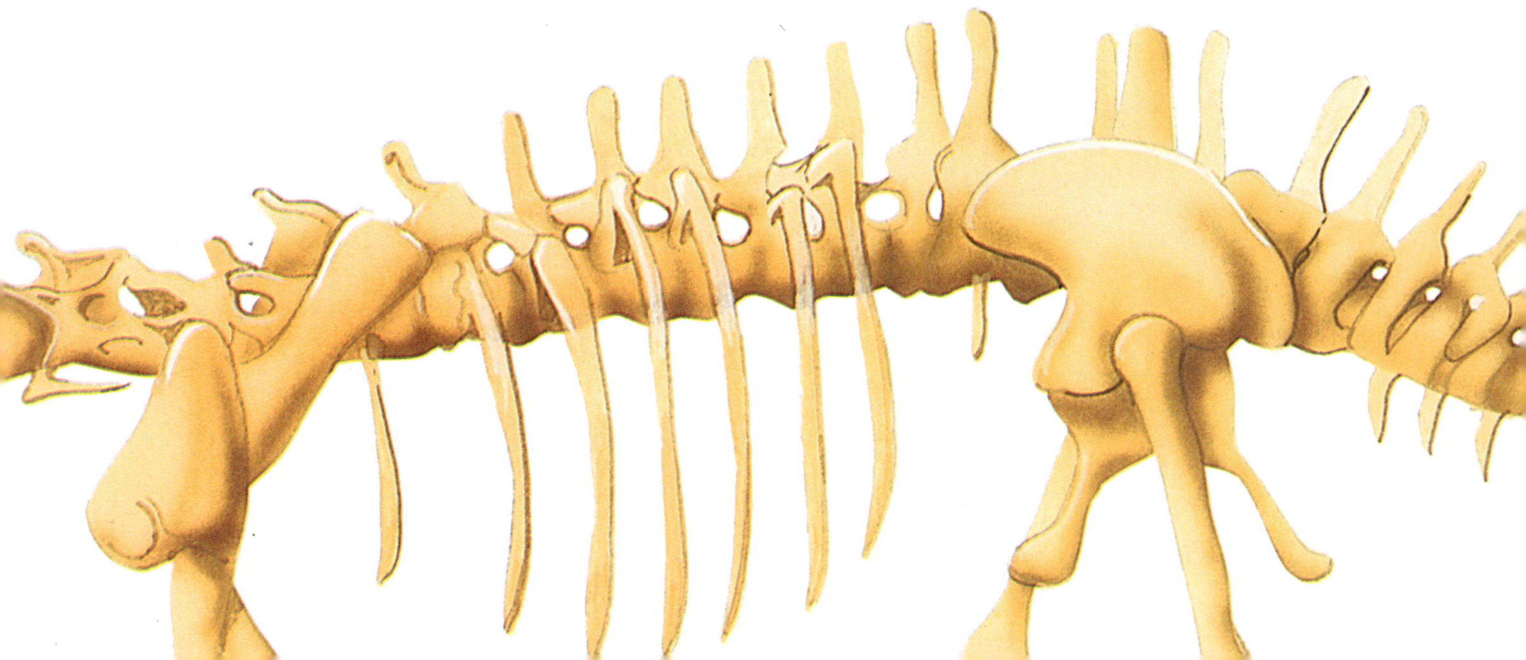

Plus en arrière se situait une petite cavité dans laquelle était logé un cerveau de faible volume.

Un cou allongé

Quinze vertèbres évidées formaient le cou du diplodocus. Cet animal pouvait ainsi bouger son cou dans toutes les directions, sa queue l'équilibrant en permanence.

Des pattes massives

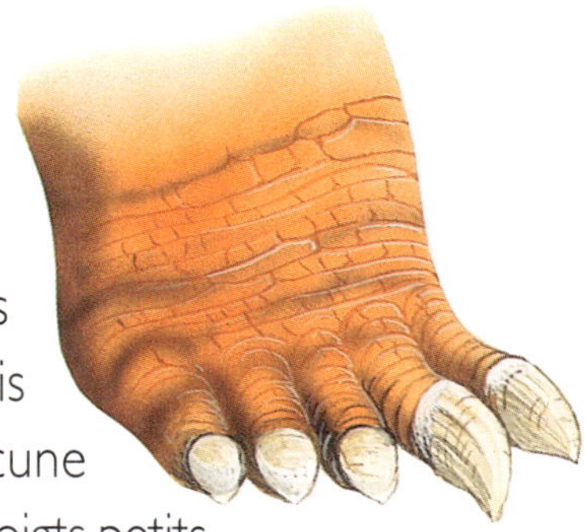

Les pattes du diplodocus, qui avaient l'allure de celles de l'éléphant, étaient à la fois courtes et larges. Chacune d'entre elles comptait cinq doigts petits mais robustes. Les paléontologues pensent que ce dinosaure disposait aux pattes arrière de griffes sur deux des cinq doigts et, aux pattes avant, seulement sur un doigt.

Une queue osseuse

La queue du diplodocus, allongée et effilée, ressemblait à un fouet. Elle comportait 70 os qui la rendaient très robuste et en faisaient une arme redoutable contre les prédateurs.

Glossaire

Bassin : formé de trois os, le bassin permet l'articulation des pattes arrière.

Conifère : plante ou arbre dont les feuilles forment des aiguilles.

Continent : grande étendue de terres ; l'Afrique, l'Amérique, l'Antarctique, l'Asie, l'Océanie et l'Europe sont les six continents.

Fossile : tout reste d'animaux ou de plantes minéralisé (os, dent, écaille, peau, feuille, tronc, etc.).

Herbivore : animal qui se nourrit de plantes.

Prédateur : animal qui tue d'autres êtres vivants pour se nourrir.

Reptile : animal à sang froid dont la peau est le plus souvent formée d'écailles.

Sabot : ongle d'une très grande dureté qui protège les pieds de certains animaux.

Squelette : ensemble des os qui constituent la charpente d'un corps.

Index